事業計画書

作成年月日：　　　　年　　月　　日

名　　前：

❶ 事業名／屋号・商号

❷ 起業の動機

❸ 事業内容

❹ ターゲット

❺ 事業方法

❻ 目標

❼ 必要な資金

A4用紙にコピーして使いましょう　➡使い方は27〜28ページ

起業でつくる ジブンの仕事

❷ 会社を設立したい！

監修 藤川大祐（千葉大学教育学部長・教授）

汐文社

はじめに

　近年、AI（人工知能）の進化は目ざましく、社会が大きく変わろうとするなかで、日本国内の人口は年々減りつづけ、働き手の高齢化も進み、仕事にはより効率化・省力化が求められるようになりました。

　今では、これまで人が行ってきた仕事の一部をAIやロボットが担うようになったり、劇的に進化するIT（情報技術）があらゆる場所で活用されるようになったりするなど、仕事の「スマート化」が行われています。近い将来、多くの仕事がスマート化されることで、みなさんが「将来なりたい」と思っていた職業が、大人になるころにはなくなっているかもしれません。

　そこで、これから必要になるのが、夢やアイデアを持ってみずから事業を起こし、仕事をつくっていくという「起業家精神」です。

　今ある職業のなかから、将来自分が働く姿を思い描くことも大切ですが、これからの社会で必要になるような「新しい仕事」を自分で生み出すことも、大切な選択肢となるでしょう。そのための手段となるのが「起業」です。

　この本では、実際に起業をするために、何からはじめればよいか、誰に相談すればよいか、どういう手続きがあるのかなど、具体的なことを学んでいくことで、「起業」をより身近に感じることができるようになっています。

　みなさんがこの本を通じて、「起業」に関心を持つきっかけになれば幸いです。

もくじ

起業でつくるジブンの仕事
❷ 会社を設立したい！

はじめに

💬 起業したい！でも、何からはじめればいいの？ ……… 4
　いろいろな起業のカタチ ……………………………… 6
　起業をする前に相談しよう …………………………… 8
　知っておきたい起業のキホン ………………………… 10
　どんな事業をするか考えよう ………………………… 12
　事業をするには「理念」が大事 ……………………… 14
　「屋号」「商号」を考えよう …………………………… 16

💬 起業ってお金がかかるの？ …………………………… 18
　起業にはどのくらいお金がかかる？ ………………… 19
　資金を集めよう ………………………………………… 22
　自分の事業をアピールしよう ………………………… 26
　会社を設立する前に知っておこう …………………… 30
　会社を設立する流れを見てみよう …………………… 32
　起業のスケジュールを立てよう ……………………… 34
　事業の届け出をしよう ………………………………… 36

さくいん　39

★本書に出てくる社名、肩書、法律、制度、URL（二次元コードふくむ）などは、2024年10月現在のものです

でも、何からはじめればいいの？

いろいろな起業のカタチ

「会社をつくる」ことだけが起業じゃない

「起業」というと「会社をつくる」ことにこだわりがちです。しかし、起業にはいろいろな形があり、自分のやりたいことや目的に合わせて選ぶことができます。

● 個人事業主

起業は、一人でも思い立ったらすぐにはじめることができます。まんが家やピアノ教室、町の小さなパン屋、ユーチューバーなど、個人で事業を行う人を「個人事業主」といいます。

● 会社

目的を共有し、利益を得ようと集まった集団が会社です。会社は個人事業主よりも取引先やお客さんから信頼を得やすく、銀行からお金を借りやすくなります。

● NPO法人

起業は利益（金銭的なもうけ）を目的とするものばかりではありません。環境保護活動や、困っている人びとを助ける福祉活動など、非営利*で社会に役立つ事業を行う団体をNPO法人（特定非営利活動法人）といいます。国への届け出が必要です。

● 一般社団法人

NPO法人の事業は、法律で決められた特定の分野に限られます。一方で、同じ非営利法人でも「一般社団法人」は、法に触れない限り自由にどんな事業も行うことができます。国への届け出が必要です。

> 会社やNPO法人、一般社団法人のような組織を「法人」っていうんだって（30ページ）

> 会社などの組織に入らないで、一人で事業をする人を「フリーランス」といって、そのなかでも、事業をはじめるための「開業届」を税務署に届け出た人を、法律上、「個人事業主」というんだよ

*非営利：営利を求めない（活動で得た利益を組織の維持と活動以外に使わない）こと

心配なら、まずは個人ではじめてみよう

何かアイデアや目標があって、「いつか起業したい、でも心配……」と考えているなら、最初から会社をつくるのではなく、まずは個人で事業をはじめてみるのもいいでしょう。手続きのいらないフリーランスや、手続きの負担が少ない個人事業主なら、自分のアイデアを試しやすいものです。

はじめのうちは、フリーランスや個人事業主として、事業を経験してみることで、お客さんの反応や売り上げを見て、自分の事業がどれくらいうまくいくものなのか、事業の進め方を変えたほうがいいのかなど、見通しが持てるはずです。そんなふうに少しずつ経験を積み重ねていけば、自分の事業に自信を持つことができたり、会社をつくるべきかどうか判断しやすくなったりします。会社をつくるのは、それからでも遅くありません。

ほかにも、事業が大きくなって人手や資金が必要になったときなどに、あらためて会社設立を考えてもいいでしょう。

▶本業がフリーランスの人の年代別割合と有業者*にしめる割合（2022年）

（総務省統計局「令和4年就業構造基本調査」より）

	実数	有業者に占める割合
総数	209.4万人	3.1%
15～19歳	0.3万人	0.3%
20～29歳	10.8万人	1.1%
30～39歳	28.9万人	2.5%
40～49歳	43.9万人	2.9%
50～59歳	46.9万人	3.2%
60～69歳	40.7万人	4.4%
70歳以上	37.9万人	7.1%

*有業者：ふだん収入を得るために仕事をし、調査日以降もしていくことになっている者、および仕事は持っているが現在は休んでいる者（家族従業者は収入を得ていなくても、ふだんの状態として仕事をしていれば有業者とする）

正社員、パート・アルバイト、フリーランスのちがい

雇用主（会社）と労働契約を結んで、期間を定めずに働く社員を正社員といい、基本的にはフルタイム（1日8時間、週40時間）で働きます。原則としてフルタイムではなく、週の労働時間が短い労働者を、パートやアルバイトといいます（パートとアルバイトに法的なちがいはありません）。

一方、フリーランスは労働契約を結ばず、個人で仕事を請け負う働き方で、自由に時間を使って仕事ができますが、それだけ責任も重くなります。

フリーランスの人は、209万人もいるんだね

起業をする前に相談しよう

誰に相談する？

　成人する前に起業しようと思い立ったら、はじめる前に、まずは誰かに相談しましょう。たとえば、親や学校の先生など、身近で、あなたのことをよく知っていて、たよれる大人がいいでしょう。特に、未成年者が起業するには、親権者の同意が必要（11ページ）なので、親への相談は大切です。大人の支えがあれば、起業に関する書類の準備など、難しいことも乗り越えやすくなるでしょう。

　社会経験が豊富な大人に相談することで、自分では気づかなかった課題や問題点を教えてもらうこともできます。もしかしたら、あなたの近くにも起業を経験した先輩がいるかもしれません。

事業のアイデアを親に話すのはちょっと恥ずかしいかも……

でも、まわりのいろんな大人に相談したら、今よりもっといいプランになりそう！

「働く」ことを体験してみよう

　経験豊富な大人の話を聞くことも大事ですが、「働く」ということを、身をもって体験しておけば、将来、起業か就職かを選択する際に、きっと役に立つでしょう。

　現在、小・中学生、高校生を対象に、会社・工場見学、職場体験、起業家教育の出前授業などがさかんに行われています。それらを通じて、会社ではどういう働き方をするのかをイメージしてみるといいでしょう。

　また、ボランティアに参加してみるのも、「人のため、社会のために働く」ことを学ぶ貴重な経験になります。

公的機関に相談してみよう

相談相手はほかにもいます。たとえば、住んでいる自治体の役所や商工会議所などの公的機関です。役所によっては、起業に関する相談ができる窓口が設置されているところがありますし、創業・起業に関するセミナーを開催することもあります。

商工会議所は、事業者のサポートを行う非営利の経済団体です。商工会議所では、起業するには何から手をつけるべきかといった悩みから、起業のための準備、具体的なビジネスプランの作成、お金に関することなど、なんでもサポートしてくれます。対面での相談の場合は、保護者の同行を求められることがあるので注意しましょう。

うまい話に注意！

人に「起業を考えている」という話をすると、「かんたんにもうかる方法がある」「すごくいい話がある」と声をかけられることがあるかもしれません。でも、そんな話に耳をかたむけてはいけません。

いいビジネスをするためには努力が必要で、苦労することもあります。「絶対」や「かんたん」といった言葉は、あやしいサインです。世のなかには、若い人の夢を利用しようとする悪い人もいるので、必ず信頼できる人や公的機関に相談するようにしましょう。

▶ そのほかの
おもな公的機関の連絡先

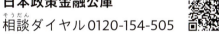

● 日本政策金融公庫
相談ダイヤル 0120-154-505
https://www.jfc.go.jp/n/finance/sougyou/riyou/sougyoumae/

● 中小企業基盤整備機構（中小機構）
チャットボット
https://entrepreneur.smrj.go.jp/kigyorider/

よろず支援拠点（全国に拠点あり）
https://yorozu.smrj.go.jp/base/

★ URLのそばにある二次元コードをスマートフォンなどで読み取ることでアクセスできます

保護者といっしょに相談しましょう！

手続きのくわしい説明や、国や自治体などが支給している助成金・補助金の情報も教えてくれるよ

ちょっと緊張するけど、安心して相談できそう

知っておきたい起業のキホン

起業できるのは何歳から？

起業できる年齢は法律で定められていないため、何歳からでも起業することはできます。ただ、会社をつくる場合（法人登記：38ページ）には、代表者の印鑑登録証明書（市区町村に登録された印鑑が本人のものと公的に証明する書類）が必要になります。

印鑑の登録と証明書の発行ができるようになる年齢は、各自治体の条例で定められていて、おもに15歳からです。つまり、一人で会社をつくるには15歳以上である必要があります。

一方、個人事業主になるために必要な「開業届」には年齢制限がありません。また、開業届を出さなくても、フリーランスで仕事をすることもできます。

> アルバイトなどの「労働者」は、労働基準法で「満15歳に達した日以後の最初の3月31日が終了（中学校を卒業）するまで」は働くことが原則禁止されています（例外あり）。しかし、会社の役員や個人事業主は法律上の「労働者」ではないから、これに当てはまらないんだよ

「印鑑登録証明書」とは？

契約書などの重要な書類には、「実印」とよばれるはんこが必要な場合があります。はんこ屋さんでつくったはんこは、印影を市区町村の窓口に登録することで、実印としての効力をもちます。書類に押すはんこがまちがいなく実印であることを証明するのが、「印鑑登録証明書」*です。

*法人の場合は「印鑑証明書」

15歳未満でも、大人といっしょに会社がつくれる

　15歳未満でも、保護者などの大人といっしょなら会社設立が可能です。保護者が会社の「代表取締役」になり、子どもが「取締役社長」になることで会社を設立できます（取締役が3人以上いる「取締役会設置会社」の場合）。

　個人事業主の場合、開業届の提出に年齢制限はありません。ただし、民法第5条で「未成年者が法律行為をするには、その法定代理人の同意を得なければならない」と定められています。つまり、法律行為（契約など）をするには、法定代理人（おもに親権者）の同意書が必要です。親権者とは、親などの保護者に当たる人です。

「契約」って何？

例えばスマートフォンを使うには、通信会社と契約するよね。二人以上が合意して、法的な権利と義務の関係が発生する約束事のことを「契約」というんだよ

起業するためには何が必要？

▶起業に必要な手続き（おもなもの）

	個人事業主	会社設立
印鑑登録証明書	△	○
親権者の同意書（18歳未満）	○	○
戸籍謄本（18歳未満）	○	○
開業届	○	×
定款の認証	×	○
資本金の払い込み	×	○
資本金の払い込み証明	×	○
取締役の就任承諾書	×	○
登記申請書	×	○
「登記すべき事項」を記載した書面（またはデータ）	×	○

△……個人事業主でも、取引などで必要になる場合があります

　未成年者が会社を設立するには、印鑑登録証明書（本人と親権者の分）、戸籍謄本*、親権者の同意書を用意する必要があります。印鑑登録証明書や戸籍謄本は、実印や戸籍を登録した市区町村の窓口で発行してもらえます。ほかにも、左の表のようにさまざまな手続きがあります（32ページ以降も参照）。

　また、会社でも個人でも、事業のお金を管理するための銀行口座を用意しましょう。15歳以上であれば、自分で個人口座の開設手続きが可能（銀行により条件はことなる）ですが、法人口座の場合は審査のハードルが高く、未成年だと審査に落ちてしまう可能性もあります。

*戸籍謄本：氏名や生年月日、家族の間柄などが書かれた役所の帳簿（戸籍）の記載事項を写したもの

どんな事業をするか考えよう

やりたいことを具体化しよう

起業をするとき、大切なのはやりたいこと（目的）を明確にすることです。なんとなく「お金をたくさんかせぎたい」とか「社長になりたい」とか考えているだけでは、なかなかうまくいきません。自分が何をしたいのか、自分なら何ができそうか、どうやって社会の役に立ちたいのか、一度立ち止まって、じっくりと考えましょう。

たとえば、自分の好きなこと、得意なこと、関心があることから広げてみましょう。「得意なプログラミングスキルをいかして、スマホアプリの開発をしたい」「趣味のハンドメイドグッズを売ってみたい」「環境保護に興味があるから、地域の環境を守るためのイベントを企画したい」など、具体的に思い浮かべます。また、図書館や書店に行けば、世のなかにあるさまざまな職業を紹介した本がならんでいます。それらを読んで、視野を広げてみるのもいいでしょう。

やりたいことが決まったら、実現できることなのか、実現するためにどんな準備が必要か、誰に相談すればいいかなど、実現するためのプロセスを考えていきます。

ぼくは環境のために何かしたいな

絵が得意だからエコバッグのデザインを考えてみようかな？

私は自分でつくったアクセサリーを売りたい！

インターネットでの通信販売ならできるかも

Yahoo!きっず　お仕事図鑑

さまざまな職業を紹介したインターネット図鑑。参考にしてみよう！
右の二次元コードをスマートフォンなどで読み取ることでアクセスできます。

https://kids.yahoo.co.jp/zukan/job/

「BtoC」「BtoB」ってなに？

あなたがやりたい事業は、誰に向けたビジネスでしょうか？　事業には、会社が一般消費者と取引をする「Business to Customer（BtoC）」と、会社と会社が取引をする「Business to Business（BtoB）」があります*。

たとえば、パン屋さんで考えてみましょう。

パン屋さんはお店に来たお客さんにパンという商品を売るので、「BtoC」です。その一方で、パン屋さんはパンを作るための材料を仕入れる必要があります。材料を買うパン屋さんと、材料を売る会社（食品卸業者など）は、会社と会社同士なので、「BtoB」になります。

▶ BtoC と BtoB

このパン屋さんが、たとえば学校給食用や会社の社員食堂用にパンを販売していたら、それは「BtoB」になるよ

一つの事業で「BtoC」にも「BtoB」にもなることがあるんだね！

物を売るか、サービスを売るか

事業で売るものは、単純に「物」とは限らず、「サービス」を売る事業もあります。

「物」は、食品や洋服、本、車など形があるもの。一方、「サービス」はタクシーにお客さんを乗せて目的地に運ぶ、髪を切る、勉強を教えるといった、形に残らないものです。「物」と「事」というとわかりやすいかもしれません。

レストランでは料理を提供しているけど、ホールで働く店員さんの接客はサービスだよね

*この場合の会社には、個人事業主もふくみます

事業をするには「理念」が大事

会社はどんな理念を持っている？

「どんな事業をするか」ということと同じくらい大事なのが、「理念」です。

理念とは、事業をする目的は何か、また誰のために事業をしたいのか、事業をすることでどんな社会にしたいのかといった、これから事業に取り組むうえでの"行動の指針"になる考え方のことです。お客さんや社会のために何ができるか、どんな価値を提供できるのか考えてみましょう。

「自分が何をしたいか」だけじゃなくて、「誰のために」「どんな役に立てるか」も大事なんだね

理念は、会社のホームページに載っているよ！知っている会社がどんな理念を掲げているか調べるのもいいね！

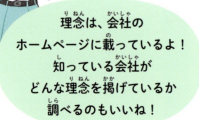

▶企業の理念の例（2024年現在）

● **トヨタ自動車株式会社**
クリーンで安全な商品の提供を使命とし、あらゆる企業活動を通じて、住みよい地球と豊かな社会づくりに取り組む　※7項目の「基本理念」の一つ

● **株式会社ファーストリテイリング（ユニクロなど）**
服を変え、常識を変え、世界を変えていく
※「グループ企業理念」の「ステートメント」より

● **江崎グリコ株式会社**
すこやかな毎日、ゆたかな人生
※「経営理念」のうちの「存在意義（パーパス）」より

● **イオン株式会社**

お客さまを原点に平和を追求し、人間を尊重し、地域社会に貢献する。
※「基本理念」より一部抜粋

● **株式会社大創産業（DAISO など）**
自由な発想で、楽しさと豊かさを提供し続けるなんだ！ダイソーにあったんだ、こんなものまであったんだ！の感動の追求

※「企業理念ーミッション」より

社会貢献が大事

　さまざまな会社の理念を見てもわかるように、事業をする目的はただお金を稼ぐだけではありません。地域の人々や社会の役に立つこと（社会貢献）も大切にしています。事業をとおして、よりよい社会をつくるためにできることは何でしょうか。

　物を売ってお客さんを喜ばせることも人の役に立つ立派な社会貢献ですが、たとえば、事業で得た売上の一部を福祉施設や環境保護団体に寄付することで、もっと多くの人の役に立つことができます。

　「CSR（Corporate Social Responsibility）：企業の社会的責任」という言葉を聞いたことがあるでしょうか。社会の一員である会社は、単に利益を追求するだけでなく、お客さんや従業員、地域社会、地球環境などに対して責任を果たすことが求められているのです。

　また、貧困や差別、環境問題などの社会問題を解決することを事業にして、寄付金などにたよらず自社で収益を上げながら活動する「ソーシャルビジネス」を行う会社も増えています。

▶CSRの例

メーカー
製品をつくる際に環境に配慮した材料を使う

工場
排水処理設備を整え、環境保全に取り組む

食料品店
開発途上国などと適正な価格で取引された「フェアトレード」の原料を使った製品（コーヒーやチョコレートなど）を販売する

食品メーカー
災害時に自社製品を寄付

飲食店
フードロス（売れ残り、食べ残し）を減らす取り組みをする

生命保険会社
家からはなれた病院で難病の治療を受ける子どもとその家族が宿泊できる施設を開設

利益だけじゃなく、人や社会があってこそ事業ができることを忘れてはいけないよ

「フェアトレード」はチョコレートのパッケージで見たことがあるかも！これも社会貢献なんだね

「屋号」「商号」を考えよう

「名は体を表す」

「●●株式会社」のように、事業をするうえで使う名前のことを、個人事業主なら「屋号」、会社なら「商号」といいます。

創業者の名前などを屋号や商号にするケースも多いのですが、仕事の内容や会社の理念と関連した名前をつけるケースもあります。そのようなところでは、「名は体を表す」の言葉どおり、屋号や商号を見ただけで、その会社や創業者の思いがイメージされやすくなるメリットがあります。

会社をつくる場合は、国の「法務局」というところで法人登記（38ページ）をする必要があり、その際に商号を決めます。商号は、会社の形によって「株式会社」「合同会社」を入れる、同じ住所にあるほかの会社と同じ名前は使えない、社会的にふさわしくない言葉は使えない、などのルールがあります。

個人事業主が使う屋号は、事務所やお店の名前として使えますが、商号とちがって絶対になくてはいけないものではありません。ただ、屋号があれば、取引先やお客さんに覚えてもらいやすくなります。また、屋号つきの銀行口座を開設することもできるので、取引の際に相手からの信頼を得やすくなります。

> 商号や屋号は、ある意味で看板広告のようなもの。取引先やお客さんに伝える最初のメッセージになるので、じっくり考えよう

▶商号（会社の場合）をつけるときのルール

- 必ず「株式会社」「合同会社」などの種類（31ページ）を入れる（前でも後ろでもよい）
- 同じ住所内（ビルなど）にある別の会社と同じ商号は使えない
- 公序良俗に反する（社会的にふさわしくない）言葉は使えない
- 特定の業種だけが使える言葉がある（「銀行」「信託」など）
- 使用できない文字がある（感嘆符やローマ数字など）
- すでに別の人や会社が商標登録している言葉は使えない場合がある

商号の由来いろいろ

あなたが知っている会社の名前はどんなふうに名付けられたのでしょうか。有名な会社の商号の由来を調べて参考にしましょう。

● カゴメ株式会社

収穫したトマトを入れるかごの目が由来。かつてのロゴやケチャップのパッケージにも、かごの目をモチーフにしたマークが使われていました。

画像提供：カゴメ株式会社

写真：PIXTA

要石
写真：PIXTA

● 株式会社ブリヂストン

創業者・石橋正二郎氏の姓「石橋」を英語にすると「ストーンブリッヂ」になり、語呂をよくするためにならべかえて「ブリッヂストーン」→「ブリヂストン」となりました。また、ブリッヂストーンは英語で、石でできたアーチ橋の、アーチの頂点部分の要石（キーストーン）を意味します。

● キヤノン株式会社

「観音様の御慈悲にあやかり世界で最高のカメラを創る夢を実現したい」という願いを込めた「カンノン」と、英語で「聖典」「規範」「標準」という意味を持つ「canon」から、世界の標準、業界の規範として活動していくという企業精神が込められています。

「キャノン」だと「ヤ」のうえが空いていて、穴があいているみたいだから、「ヤ」を大きくしたんだって

● NIKE（ナイキ）

ギリシャ神話の勝利の女神「ニケ」（Nike）の英語読みに由来しています。ロゴマークは、ニケの彫刻がモチーフになっています。

写真：PIXTA

起業ってお金がかかるの？

*18歳未満によるインターネット上での販売には、保護者の同意が必要な場合があります

起業にはどのくらいお金がかかる？

お金がなくても起業はできる！？

起業するだけなら、お金はほとんど必要ありません。個人事業主の場合、起業に必要な開業届の提出にお金はかからないため、0円でも起業することができます。たとえば、自分でつくったアクセサリーをフリマアプリなどで売る場合、スマートフォンで撮影して、画像をアップロードするだけなので、材料費以外のお金はそれほどかかりません。

このように、元手をあまりかけずに、地道にビジネスを続けながら、少しずつ資金をためて、会社をおこすといったことも可能です。

一方、会社を設立するには、収益を生み出すもととなる資金「資本金」が必要です。法律上は、資本金1円以上であれば会社を設立することができますが、事業にふさわしい資本金を設定するほうがよいでしょう。

昔は、株式会社の設立には最低で1000万円の資本金が必要だったけれど、2006年に「会社法」が施行されて、今までよりかんたんに会社設立ができるようになったんだよ

1000万円！？
昔は会社をつくるのに高いハードルがあったんだね

資本金のめやす

資本金は、会社の運転資金の約3か月分がめやすです。中小企業の場合、300万～500万円の会社が多いようです。資本金は会社運営の元手になるため、事業に必要な初期費用や当面の運営資金を計算して決めます。また、資本金の金額によって、消費税や法人住民税、法人税などの税金が変わります。

19

起業に必要な資金はどのくらい？

　事業をはじめるために必要なお金について、もう少しくわしく紹介します。個人事業主でも会社でも、ある程度の初期費用が必要になることをおさえておきましょう。

●個人事業主の場合（初期費用）

- **パソコンやスマートフォン、タブレット**
  …… 1台当たり5〜20万円

- **通信**（インターネット、電話料金）
  …… 約1万円（初期工事費用2〜5万円）

- **ソフトウェア**
  …… 数千〜数万円（永続ライセンスかサブスクリプション*かによってことなる）

- **設備**（飲食店なら厨房機器、ハンドメイド店ならミシンなど）
  …… 数万〜数十万円（事業によってことなる）

- **宣伝**（名刺、ウェブサイトなど）
  …… 約1万円〜（ウェブサイトは無料でつくれるサービスも）

- **事務所費用**
  …… 数万〜十数万円（自宅でも可能）

※未成年者の場合は、戸籍謄本の取得費なども必要です

どんな事業をするのかによって必要なものが変わります。なかには中古で安く買えるものもあるので、予算内で優先順位をつけて購入することが大切です

選んだ事業しだいで、初期費用にけっこう差が出そう

でも、家にあるものはそのまま使えるから、それは節約できるね

仕入れのお金はどのくらい？

　飲食店や商品の販売などの事業を行う場合、最初に材料や包装容器などの仕入れ原価が必要です。あらかじめ、必要な材料の項目、単価、数量、合計金額を記した表をつくっておくといいでしょう。

項目	単価	数量	合計
●●●	150円	30個	4500円
△△	30円	20本	600円

*ソフトウェアには通常、一度購入すればサービスが継続されているあいだ使用できる「永続ライセンス」と、月単位や年単位などで使用料を払っているあいだ使用できる「サブスクリプション」があります

●会社（株式会社）の場合 （左ページであげた個人事業主の初期費用に加えて必要な法人化の費用）

- **資本金** …… 1円以上

資本金が少なすぎると、銀行で口座の開設や融資が難しくなったり、事業によっては許認可（37ページ）がおりなくなったりする場合がある

- **定款の認証手数料**

…… 1万5000～5万円（資本金によってことなる）

定款（33ページ）とは、会社の基本的な規則などを書いたルールブックのようなもので、公証役場というところで手数料を払って、公証人の認証を受ける必要がある

- **収入印紙代** …… 4万円

収入印紙とは、税金や手数料などを徴収するために国が発行している証票で、定款に貼るために必要（ネット上の電子定款の場合は不要）

- **謄本の請求手数料**

…… 1ページにつき250円

紙の定款の場合は、原本の内容を丸ごとそのまま写した文書（謄本）が必要

- **登録免許税**

…… 15万円、あるいは資本金額の0.7％を比較して高いほう

登記申請の際に必要な税金

- **その他**（印鑑作成代、印鑑（登録）証明書取得費、登記事項証明書発行費など）

…… 数万円

法人は実印が必要で、ほかに銀行印と角印があるとよい。また未成年者の場合は、本人と親権者それぞれの実印と印鑑登録証明書が必要

▶その他の金額例

印鑑（登録）証明書取得費	法人：1通約450円 個人：1通約300円 （自治体によってことなる）
登記事項証明書発行費	書面請求600円 オンライン請求・送付500円 オンライン請求・窓口交付480円

印鑑って、素材などによって数百円から十数万円するものもあるんだって

これらは株式会社の場合

合同会社など（31ページ）の場合は定款の認証が不要なので、金額が変わってくるよ

資金を集めよう

いろいろな資金調達方法

事業にどれくらいのお金が必要かわかったら、資金を用意します。個人事業主でも会社でも、子どものうちに起業する場合は、おこづかいだけではまかなえないお金が必要になるかもしれません。そのため、さまざまな資金調達の方法があります。

しかし、事業の実績がないと、借金や投資といった外部からの資金調達は難しいので、実績を積みながらこつこつと自己資金となるお金をためていく必要があります。

● 自己資金

自分で持っているお金のことで、おこづかいや働いて得たお金など、いま自分の手元にあるお金を使う方法です。自己資金だけではたりない場合は、ほかの資金調達方法と組み合わせてお金を集めます。

● 借金（借入金）

家族や知人からお金を借りたり、銀行などの金融機関から「融資」という形で借りたりしたお金。もちろん、借りたお金は必ず返さなければなりませんし、金融機関からの融資には利息＊がつきます。また、借入金は資本金としては利用できないため注意しましょう。

● 家族・知人から借りる

審査がなく、また返済条件（金利・返済方法・返済期限など）も当事者間で比較的柔軟に決められますが、トラブルになると人間関係がこわれるリスクもあります。

● 制度融資を利用する

自治体や金融機関などが連携しておこなう「制度融資」は金利が低く設定され、一般的な融資よりも受けやすくなっています。制度融資を利用する場合は、自治体の窓口に申し込みます。

会社をつくるなら貯金だけだと心細いけど、個人事業主なら自己資金だけでも十分まかなえそうだね

＊利息：お金を借りた人が貸した人に報酬として渡すお金

◉ 助成金・補助金

国や自治体から支給されるお金のことで、原則として返す必要はありません（例外もあります）。助成金は申請して一定の条件を満たしていれば支給される可能性が高いのですが、補助金は定員が限られているため、助成金よりも難易度が高く、申請しても選ばれなければ支給されません。

◉ クラウドファンディング

インターネットを通じてたくさんの人から少しずつお金を集める方法で、おもしろいアイデアや計画を発表して、それに共感した人が出資するというしくみです。

クラウドファンディングは、インターネット上であなたの事業を広く知ってもらう機会にもなります。

◉ 投資家

あなたの事業を応援して、資金を提供（出資）してくれるのが投資家です。出資で得たお金は借金ではないので、資本金として利用できます。投資家は、あなたの会社が成長して利益が出ることを期待して、出資をしてくれます。

株式会社の場合、投資家は株主となり、利益が出ればその一部を配当金として受け取る権利がありますし、会社の決定について意見をいうことができます。つまり、会社の決定権の一部を投資家に渡すことになるということを覚えておきましょう。

自分の会社なのに、自分だけのものじゃなくなるんだね

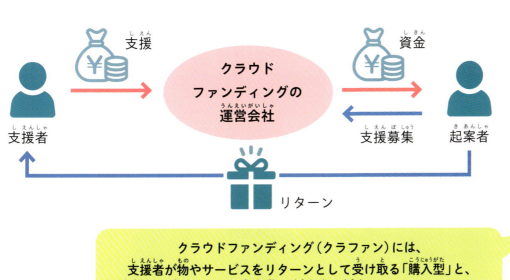

クラウドファンディング（クラファン）には、支援者が物やサービスをリターンとして受け取る「購入型」と、支援者が寄付をする「寄付型」、投資家が投資したプロジェクトの収益からリターンを受け取る「投資型」など、いろんな形があるよ

まずは小さな事業からはじめてみよう

事業に使うお金を、最初から外部にたよる必要はありません。まずは手元の資金で小さな事業からはじめて、少しずつ成長させていくのも一つの方法です。

たとえば、イラストを描くことが得意でそれを事業にするなら「最初は今ある道具を使ってイラストを制作し、SNSを通じて販売する」、手芸でつくったマスコットを事業にするなら「フリーマーケットで売ってみる」などして、コツコツとお金をためて資金を増やすこともできます。この方法なら、失敗しても大きな損にはなりませんし、事業を続けていけるかどうかのテストにもなります。

まずは、練習するつもりで、小さな事業から取り組んでください。どんなに小さくても、それがあなたの事業を知ってもらうチャンスになり、新しいお客さんを獲得することにもつながります。

ちょっとずつでも利益があればやる気が出るね！

よし！
自分で描いた絵をネットで売ってみよう

借金・投資・クラウドファンディングは「人のお金」

集めた資金のうち、借金や投資家からの出資、クラウドファンディングのお金は、みんな「人のお金」だということを忘れてはいけません。借金は利息をたして返す必要がありますし、出資してくれた人は事業の成長やプロジェクトの成功を期待してくれています。これらのお金は、あなたの事業を応援してくれる人たちが信頼してあずけてくれたものです。責任を持ってあつかい、事業の成功に役立てましょう。

クラウドファンディングの流れを見てみよう！

❶ 目標金額を決める
クラウドファンディングの運営会社に支払う手数料やリターンに使うお金（経費）も考え、「必要な金額＋経費」で計算します。

❷ クラウドファンディングサイトを選ぶ
運営会社によって得意なプロジェクトのジャンルはことなります。自分のやりたいことに合ったクラウドファンディングのサイトを選びましょう。

❸ プロジェクトページをつくる
大切なのは、「応援したい」「おもしろそう」と思ってもらうことです。写真や動画も使ってわかりやすさを意識し、あなたのプロジェクトの魅力を伝えましょう。

❹ リターンを決める
リターンが魅力的であるほど、支援を得やすくなります。支援の金額別にリターンを用意すると気軽に支援してもらえます。また、限定品や割引など、"特別感"をアピールするのもいいでしょう。

❺ 支援者に経過報告をする
プロジェクトがはじまったら、定期的に支援者に経過報告をしましょう。プロジェクトがうまく進んでいるか、支援したお金がどう使われているか、支援者は注目しています。

> クラウドファンディングのなかには、支援が目標金額に達しなければ"不成立"になり、すべて返金されるものがあります。支援が集まるような、魅力あるプロジェクトと適切な目標金額の設定が大事です

自分の事業を アピールしよう

実績をつくってアピールしよう

事業をはじめたら、まずお客さんや取引先（クライアント）を獲得しなければなりません。あなたの事業の魅力を知ってもらうことで、商品やサービスを利用してくれるお客さんが増えます。

実績を積むことで、新しいビジネスのチャンスや、あなたの事業を応援してくれる協力者の獲得につながるかもしれません。

● ポートフォリオをつくろう

ポートフォリオとは、これまでの実績やスキルをまとめた作品集のこと。今まで取り組んできたことをノートやファイル、パソコンのアプリなどに見やすくまとめて、いつでも開いて紹介できるようにしましょう。実績が増えたら、定期的にポートフォリオに追加するのも忘れないようにします。

例
- 自己紹介やプロフィール、自分ができること（スキル）
- （クリエイティブ系なら）つくったものの写真や画像を貼る
- それぞれの作品の説明文やアピールポイントをまとめる

> ポートフォリオにまとめる作品（実績）がなければ、事業をはじめる前に作品をいくつかつくってみるといいよ

● SNSでアピールしよう

SNSに活動内容を投稿したり、ポートフォリオを公開したりして、自分の事業をアピールしましょう。ただし、個人情報の取りあつかいには十分に注意する必要があります。

● 名刺を用意しよう

自分の名刺をつくって、持ち歩きましょう。名刺には、名前、連絡先（メールアドレスやSNSアカウント）、事業内容などをまとめます。連絡先は、なるべく事業用のものをつくり、プライベートな連絡先とは分けて、個人情報を守りましょう。

届け出や資金集めに欠かせない「事業計画書」

事業計画書は、金融機関や投資家、役所などに、あなたの事業計画やアイデアを説明し、知ってもらうための資料です。事業計画書をつくることで、自分のやりたいことがはっきりして、問題点も見つけやすくなります。

事業計画書に決まった書き方はないけれど、どう書いていいかわからない場合は、「5W2H」にあてはめて考えるといいよ

❶ 事業名／屋号・商号
自分で考えた屋号や商号、事業計画の名前を書きます。

❷ 起業の動機（why：なぜ）
事業をはじめようと思った動機（直接の理由やきっかけ）を説明して、熱意を伝えます。自分の経験にもとづいて書くとよいでしょう。

❸ 事業内容（what：何を）
どんな事業をはじめたいのかを具体的に説明します。自分だけのアピールポイントがあると特別感が出てよいでしょう。

❹ ターゲット（who：誰に）
どんな人（企業）に向けた事業なのかを書きましょう。

❺ 事業方法（how to：どうやって／where：どこで）
どこで、どのようにして事業を展開するのかを説明します。物を売る事業なら、どのような販売方法で行うのかを書きましょう。

❻ 目標（when：いつまでに）
事業の目標を具体的に記入します。期限を決めて取り組むと、実現しようというモチベーションにもなります。

❼ 必要な資金（how much：いくらで）
事業に取り組むにあたり、どのくらいの初期費用がかかるかを書きます。資本金にふくめる初期費用は3か月分がめやすです。

> **注意** この事業計画書は一人で行う場合を想定したものです。複数人でいっしょに事業を行う場合は、メンバーとの役割分担についても考える必要があります。

アクセサリーの材料費は1個あたり300円。月に20個くらいはつくれるかな？

事業計画書をつくってみよう

注 事業計画書に決まった書式はありませんが、このシートはあくまで練習用としてお使いください。

記入例

事業計画書

作成年月日： 　　年　　月　　日
名　　前：□□□□

❶ 事業名／屋号・商号

ハンドメイドショップ　メイ

❷ 起業の動機

ハンドメイドアクセサリーをつくって友だちにプレゼントしたとき、喜んでくれたのがうれしかった。もっと多くの人に自分がつくったものを届けたい。

❸ 事業内容

オリジナルデザインのアクセサリーや雑貨。季節感のある素材や、流行のデザインを取り入れて、飽きの来ない作品づくりをする。

❹ ターゲット

ハンドメイド雑貨が好きな人

❺ 事業方法

①ハンドメイドマーケットアプリやフリマアプリでオンライン販売
②ハンドメイドイベントに出店
宣伝には、写真つきで紹介しやすいSNSを活用する。

❻ 目標

6か月以内に：商品ラインナップを20種類まで増やす。
　　　　　　SNSのフォロワーを合計1000人にする。
　　　　　　月の売上30000円を達成する。

1年以内に：月の売上100000円を達成する。
　　　　　　安定して売れる人気商品をつくる。

❼ 必要な資金

設備費：0円（自宅）
オンライン販売・宣伝(SNS)・撮影用スマートフォン：0円(手持ちのものを使う)
商品撮影用ライト：5000円　など
運転資金（3か月）：35000円
材料費・梱包資材仕入れ：20000円
通信費：0円（自分のスマートフォン使用、料金は両親が払う）

★この本の最初にワークシートがあります

プレゼンをしよう

- **話すことを準備しよう**

  ポートフォリオや事業計画書をもとに、自分の事業がどんなものなのか、どんな特徴があるのか、今まで取り組んできたことや実績などを考えておきます。

- **話す練習をしよう**

  人前で話をするのは緊張するもの。何度も声に出して練習すると自信がつきます。

- **元気に笑顔で話そう**

  大きな声ではきはきと話しましょう。

自分の事業の支援を考えてくれている人に事業計画をアピールするときは、ポートフォリオや事業計画書を使って、効果的なプレゼンテーション（プレゼン：計画などを説明すること）をします。

相手に「おもしろそう」「協力したい」と思ってもらえるように工夫して、あなたのアイデアや社会的な価値、これまでの実績のいいところを伝えましょう。

人前で事業のことをプレゼンするのは緊張するけど、賛同してくれる人がいれば、事業を進めやすくなるよね

家族とじっくり話し合おう

未成年者が起業する場合、起業することを必ず保護者に相談しましょう。「反対されたらいやだから」と何の相談もせずにはじめてしまうと、家族の信頼関係をこわす可能性もあります。また、契約を結んだり取り消したりする際など、保護者のサポートが必要な場面も出てきます。

時間がかかったとしても、保護者と誠実に向き合って、自分の夢や計画についてねばり強く話し合いましょう。プレゼン資料やポートフォリオを用意して、あなたの本気度を伝え、家族を説得するというよりも、事業を支えてくれる仲間になってもらう気持ちで話し合いましょう。

会社を設立する前に知っておこう

会社は「法人」

個人事業主として小さく事業をスタートしたとしても、事業を続けていくうちに、会社を設立（法人化）する場合が出てきます。「法人」とは、法律によって人と同じように権利や義務を認められた組織のことです。つまり、私たち人間が「人権」を持っているように、会社は権利や義務を持つことになります。

法人には会社のほか、NPO法人や一般社団法人（6ページ）、一般財団法人、公益財団法人などがあります。

「法人」という名のとおり、会社はまるで生きている人のようなものだから、名前も住所もあるし、お金だって所有できるんだよ

法人にするメリット

法人化すると、個人事業主よりも社会的な信頼度が高くなるといわれています。取引先の会社によっては、個人事業主よりも会社との取り引きを優先することがあるため、事業の幅が広がる可能性があります。また、銀行などから事業に必要なお金を借りるとき、個人事業主よりも融資を受けやすく、また借りられる金額も大きくなります。

ただし、会社をつくるには手続きが複雑で、設立・維持にもお金がかかるため、事業が成長して、大きくなってから法人化してもおそくはないでしょう。

やっぱり、いきなり会社をつくるのはハードルが高いのかなあ

会社を設立できるのは、事実上15歳以上からなので、保護者の協力がかかせないよ

会社の種類を知っておこう

法人のなかでも利益を目的に事業を行う「営利法人」が「会社」です。会社にもいくつか種類があり、もっとも一般的なのは「株式会社」です。そのほかにもいろいろな種類があります。

株式会社は出資者が会社の所有者で、経営者とは別になるんだね

会社の社長や社員も株主になれるから、所有者と経営者が完全に別というわけではないよ。社長が株式をすべて持っていたら、会社は社長の所有ということになるね

● 株式会社

「株式」（33ページ）を発行してたくさんの人から出資してもらい、その資金をもとに事業を行います。出資者は株主となって会社を共同で所有し、会社の経営に意見をいうことができます。株式会社は、経営状況を定期的に公開（決算公告）することになっているため、社会的信用度が高いのがメリットです。

● 合同会社

合同会社は、原則として出資者（所有者）全員が経営をになう社員＊になる「持分会社」です。経営の自由度は株式会社よりも高いのですが、株式を発行して広く出資をつのることができず、資金集めは株式会社よりも難しくなります。

● 合資会社

合同会社と同じ持分会社ですが、社員（出資者）の一部が「無限責任社員」、残りの社員が「有限責任社員」になります。

● 合名会社

合名会社はすべての社員（出資者）が無限責任社員となる持分会社です。社員全員が同じように無限に責任を持つため、個人事業主が複数人集まって事業を行うイメージです。

有限責任社員、無限責任社員って何？

同じ出資者でも、「有限責任社員」は出資した分だけ会社に対して責任を負うことをいい、「無限責任社員」は会社に対して無限に責任を負うことをいいます。

例えば、合同会社の社員（有限責任社員）は会社が借金をかかえたとしても、出資したお金以上の責任は負いません。一方、合名会社などの無限責任社員は、会社が借金をかかえて倒産した場合に、会社にかわって借金を返済する義務が生じます。

＊持分会社では、法律上、出資者のことを「社員」といいます

会社を設立する流れを見てみよう

株式会社を設立するまでのおもな流れ

会社の形について理解したら、自分の事業に合った会社をつくることを想定してみましょう。ここでは、もっとも多い株式会社の設立について紹介します。

❶ 発起人と役員を決める

会社設立に必要な手続きを行う「発起人」と、会社経営をになう「役員」を決めます。発起人については定款（右ページ）に記入します。

発起人
- 会社設立の手続きを行う
- 出資して株主になる
- 会社の重要事項を決める

役員

会社の経営をになう役職につく人のことで、会社法という法律で決められた取締役、会計参与、監査役をいいます。株式会社の場合は一人以上の役員が必要です。

❷ 会社の印鑑をつくる

会社を設立するには、法人登記などに使う「代表者印（会社実印）」をつくって、書面での登記申請の際に届け出ることが必要です。ほかにも、銀行で法人口座を開設するときに使う「銀行印」、請求書や発注書など日常の業務で使う「角印」があるとよいでしょう。実印を銀行印として使っている会社もありますが、実印を銀行印や角印がわりに使うのは、印影を悪用されるリスクがあるので、避けたほうがいいでしょう。

❸ 定款をつくる

定款は会社の基本的なルールを定めた書類で、作成したら都道府県の公証人の認証を受ける必要があります。

定款のおもな記載事項
- 商号
- 事業の目的
- 本店所在地
- 発起人の氏名と住所
- 出資される財産の価額または最低額　など

❹ 資本金を払い込む

出資者の金融機関の口座から、会社運営の元手となる資本金を発起人の口座に振り込みます。払い込んだことを証明するため、通帳の表紙・氏名や口座番号が書いてあるページ、振り込み内容が記録されたページをコピーします。この資料は登記申請の際にいっしょに提出します。

❺ 登記申請をする

必要書類を用意して（36ページ）、会社の本社の所在地を管轄する法務局に提出し、会社の存在を法的に認めてもらいます（38ページ）。登記申請は、郵送やオンラインでも可能です。

会社をつくるのってたいへんだ！

ほかにも必要な細かい手続きがあるんだって。公的機関（9ページ）や司法書士さん、行政書士さんなどの専門家に相談して進めよう！

株式会社には株式が必要

株式会社は「株式（株）」を発行して出資者から資金を集めます。出資者（株主）は株を持つことで、ほかの株主と共同で、その会社の所有権を持ちます。株主は会社の利益の一部（配当）を受け取ったり、重要な決定に参加したりすることができます。持っている株が多いほど、会社に対する権限は大きくなります。

また、証券取引所というところに株を上場すると、取引所を通じて誰でも株を売買できるようになります。

上場している株式会社は、日本企業全体の0.1％ほどしかなく、それ以外の会社の株は、かんたんに売買することができないよ

起業のスケジュールを立てよう

具体的なスケジュールづくり

　法人化する・しないにかかわらず、起業する前に、スケジュールを立ててみましょう。ここでは株式会社の設立を例に見ていきます。スケジュール表をつくることで、いつまでに何をすべきかが見えるので、効率的に手順を進めることができます。

　また、はじめて取り組むことなので、計画どおりには進まない可能性もあります。あまりつめこみすぎず、余裕を持って進めることを意識しましょう。

株式会社の設立にあたって決めること

❶ 開業日
これを最初に決めることで、その日が目標になります。

❷ 商号（16ページ）
聞き取りやすさ、いいやすさ、覚えやすさを意識した商号にしましょう。定款に記入する必要があります。

❸ 事務所の場所
自宅でもかまいません。近年は複数の会社やフリーランスの人などが共同で使う「コワーキングスペース」や「シェアオフィス」を利用する人も増えています。定款に記入する必要があります。

❹ 事業目的
何の事業をはじめるのかを具体的に考えておきましょう。会社設立の場合、事業目的を定款に書く必要があり、あとから追加・変更する場合は手続きが必要です。

右のスケジュール表の例を見ていると、よくわからない言葉がいくつかあるよ

法律にかかわる手続きもあるから、わからないことは大人に相談しながら進めよう

記入例 （手づくりアクセサリーの製作とオンライン販売をする会社を設立する場合）

起業スケジュール表

月	事務手続き	事業の準備
4月~6月	・起業のアイデアを固める ・家族や先生に相談する（大人の協力者を見つける）	・つくりたいアクセサリーのアイデアを考える
7月~9月	・会社の形態を決める ・会社の名前を決める ・事業計画を立てる	・必要な材料や道具をまとめる ・試作品をつくる ・つくり方の手順をメモする ・商品の価格を決める
10月~12月	・必要な許可や届け出を調べる ・必要な書類を準備する ・資金の調達（必要であればクラウドファンディングなど利用）	・友だちや家族に意見をもらう ・試作品を改良して、商品を完成させる
1月	・会社設立登記の準備（必要書類の用意、会社の印鑑をつくる、銀行で個人口座をつくる） ・定款を作成	・商品のパッケージやラベルをデザインする ・商品写真を撮影する
2月	・発起人口座に資本金を振り込む（「払込証明書」作成） ・法務局に会社設立登記を申請	・商品をつくり、在庫を用意しはじめる ・名刺やホームページをつくる（SNSも利用する）
3月	・銀行口座を開設する ・税務署や都道府県税事務所、年金事務所に税や年金に関する届けを出す	・オンラインショップを開設する（ショッピングサイトやフリマアプリを利用する） ・イベント出店の準備をする

大変そうだけど、アイデアが形になっていくのはワクワクする！

★この本の最後にワークシートがあります

事業の届け出をしよう

起業に必要な届け出とは？

事業をはじめるときは個人事業主、会社設立どちらの場合も役所などに届け出をします（届け出をせずフリーランスで働くことも可能）。

● 個人事業主の場合
開業届・事業開始等申告書

事業をはじめてから1か月以内に、税務署に「開業届（個人事業の開業・廃業等届出書）」を、そして都道府県税事務所には「事業開始等申告書」を提出します（提出期限は都道府県によってことなる）。

開業届は、税務署の窓口に直接提出する以外に、郵送やオンライン（e-Tax）でも提出できます。

● 会社設立の場合
法人登記（会社設立登記）

会社の本社とする地域の法務局に必要書類（右上の表）を提出して、登記（38ページ）をします。

登記に必要な書類の例
- 登記申請書 ● 登録免許税納付用台紙
- 定款 ● 発起人の決定書 ● 印鑑届出書
- 設立時の取締役全員の就任承諾書
- 設立時の代表取締役の印鑑登録証明書
- 払込証明書（資本金の払い込みを証明する書面）
- 「登記すべき事項」を記載した書面または保存したデータ　　　　など

ほかにも、会社設立の場合は、健康保険や厚生年金の加入手続きなども必要。個人事業主の場合は、親の扶養家族かどうかによってちがうよ

なぜ税務署に届け出が必要なの？

事業でお金を得ると納税が必要になります。国税の「所得税」は税務署が、地方税の「事業税」は都道府県が管轄しています。よって、事業をスタートしたことを住んでいる地域の税務署に届けないといけません。これらは個人事業主でも会社設立の場合でも同じです。

許認可とは？

事業によっては、許認可（許可・認可など）がなければ開業できない場合があります。もし許可を得ずに開業してしまったら、営業停止処分になったり、場合によっては法律違反となり刑事罰を受けたりすることもあります。

許認可は、役所に届けを出すだけでいいものや、審査に合格しないといけないものなど、さまざまです。自分のやりたい事業に、どんな許認可が必要か、事前に調べておきましょう。

フリマアプリなどを使って個人で中古品を売買する場合は許可がいらないけれど、それを事業とする場合は「古物商」の許可が必要だよ

▶許認可のいる業種の例

- 美容院
- 理容院
- クリーニング業
- トラック運送業
- タクシー
- 建設業
- 労働者派遣業
- お酒の販売
- 飲食店
- ホテル・旅館

- 介護事業
- 私立学校
- 産業廃棄物処分
- 中古品販売
- 旅行代理店
- 倉庫業
- 警備業
- 探偵業
- ペットショップ

美容師や理容師になるには免許が必要だけど、お店をはじめるのにも許認可*がいるんだね

＊届け出のみ

起業する前にいろいろと調べておかないといけないね

登記って何？

登記とは、法務局に申請することで、誰でも見ることができる公の帳簿（登記簿）に、会社や土地・建物に関する大切な情報を記載することです。会社（法人登記）の場合、会社名や住所、代表者名、事業目的などが登記されます。会社の情報が一般に公開されることで、会社の社会的信用度が増します。

ただし、登記情報は、個人の名前や住所などがふくまれる個人情報の一種です。登記情報は、第三者でも法務局に申請すれば見ることができるので、自分の住所などが悪用されるリスクがあります。自宅の住所を知られたくない人は、登記が可能なシェアオフィスを利用するなど、対策が必要です。

▶登記簿の内容

- 会社名（商号）
- 本店の住所
- 事業目的
- 株式の発行状況
- 役員の情報

など

> 登記情報が公開されていることで、取引先は「この会社が実在するのかどうか」「誰が代表者なのか」などを確認して、信用できる相手かどうか判断するんだよ

> 登記することで信頼度が高まって、取引でのトラブルを防ぐことにもつながるんだって

個人のプライバシーを守るために

会社の代表者がDV（ドメスティック・バイオレンス：配偶者や恋人などから振るわれる暴力）やストーカー（つきまとい）の被害者である場合など、会社の代表者名や住所を公開することが、個人の安全をおびやかす場合もあります。そこで、2024年10月1日、商業登記規則等の一部を改正する省令が施行され、登記申請時に申し出ることで登記の写し（謄本）の代表者住所の一部を非公開にすることができるようになりました。

住所公開に関しては、個人情報の悪用などもあり、議論が深まっています。この先、住所を非公開にできることが当たり前になっていくかもしれません。

> 個人情報がもっと守られるようになるといいね！

さくいん

あ

一般社団法人 ………… 5,6,30
印鑑 ………… 10,21,32,35
印鑑（登録）証明書 ………… 10,11,21,36
SNS ………… 24,26,28,35
NPO法人 ………… 5,6,30

か

開業届 ………… 6,10,11,19,36
株式 ………… 31,33,38
株式会社 ………… 16,19,21,23,31,32,33,34
許認可 ………… 21,37
クラウドファンディング ………… 23,24,25,35
合資会社 ………… 31
合同会社 ………… 16,21,31
合名会社 ………… 31
個人事業主
………… 6,7,10,11,13,16,19,20,21,22,30,31,36
個人情報 ………… 26,38
戸籍謄本 ………… 11,20
コワーキングスペース ………… 34

さ

CSR ………… 15
仕入れ原価 ………… 20
シェアオフィス ………… 34,38
事業計画書 ………… 27,28,29
資金 ………… 18,19,20,22,23,24,27,28,31,33,35
自己資金 ………… 22
資本金 ………… 11,19,21,22,23,27,33,35,36
社会貢献 ………… 15
借金 ………… 22,23,24,31
出資（者） ………… 23,24,31,32,33
商号 ………… 16,17,27,28,33,34,38

商工会議所 ………… 9
助成金 ………… 9,23
ソーシャルビジネス ………… 15

た

代表取締役 ………… 11,36
定款 ………… 11,21,32,33,34,35,36
登記（申請） ………… 11,21,32,33,36,38
投資家 ………… 23,24,27
取締役 ………… 11,32,36

は

BtoC ………… 13
BtoB ………… 13
フリーランス ………… 6,7,10,34,36
プレゼン（テーション） ………… 29
法人（化） ………… 5,6,21,30,31,34
法人登記 ………… 10,16,32,36,38
ポートフォリオ ………… 26,29
法務局 ………… 16,33,35,36,38
補助金 ………… 9,23
発起人 ………… 32,33,36

ま や ら

無限責任社員 ………… 31
名刺 ………… 20,26,35
役員 ………… 10,32,38
屋号 ………… 16,27,28
有限責任社員 ………… 31
融資 ………… 21,22,30
理念 ………… 14,15,16

◆監修 藤川大祐（ふじかわ・だいすけ）

千葉大学教育学部長・教授（教育方法学、授業実践開発）。東京大学大学院教育学研究科博士課程単位取得満期退学。メディアリテラシー教育やキャリア教育、起業家教育、企業との連携授業などさまざまな分野で新しい授業実践や教材の開発に取り組む。NPO法人企業教育研究会理事長、NPO法人全国教室ディベート連盟理事長等も務める。

◆監修協力 小牧 瞳（こまき・ひとみ）

千葉大学学術研究・イノベーション推進機構（IMO）スタートアップ・ラボ　リサーチ・アドミニストレーター（URA）。

マンガ・イラスト ●	イグアナ大佐
文 ●	東 滋実
ブックデザイン ●	佐藤紀久子（株式会社ワード）
制作協力 ●	株式会社ワード

参考資料 --

『図解 知識ゼロからはじめる起業の本』中野裕哲・監修（ソシム）
『起業をするならこの1冊　第6版』馬渡 晃・著、吉田杉明・法律監修（自由国民社）
『学校では教えてくれない 稼ぐ力の身につけ方』小幡和輝・著、若林杏樹・マンガ（小学館）
（ホームページ）文部科学省、経済産業省、総務省統計局、マネーフォワード、東京商工会議所、トヨタ自動車、ファーストリテイリング、江崎グリコ、イオン、大創産業、アフラック生命保険、カゴメ、ブリヂストン、キヤノン、マイナビ、クレディセゾン、フリー、弥生、CAMPFIRE、みずほ銀行、千代田税理士法人、創業手帳

起業でつくるジブンの仕事

❷ 会社を設立したい！

2025年2月　初版第1刷発行

監修者	藤川大祐
発行者	三谷 光
発行所	株式会社汐文社
	〒102-0071　東京都千代田区富士見1-6-1
	電話 03-6862-5200　ファックス 03-6862-5202
	URL https://www.choubunsha.com
印　刷	新星社西川印刷株式会社
製　本	東京美術紙工協業組合

ISBN978-4-8113-3151-5　NDC335
乱丁・落丁本はお取り替えいたします。
ご意見・ご感想は read@choubunsha.com までお寄せください。

起業でつくる ジブンの仕事

全3巻

監修 藤川大祐（千葉大学教育学部長・教授）

1 子ども・若者起業家に聞いてみた

2 会社を設立したい！

3 会社経営ってどうやるの？

●NDC335　●AB判上製　●各40ページ

起業スケジュール表

月	事務手続き	事業の準備

A4用紙にコピーして使いましょう ➡使い方は34〜35ページ